LETTRE

A

M. DENIÈRE

Paris. — Imp. Vallée, 15, rue Breda.

LETTRE

A

M. DENIÈRE

PRÉSIDENT DU TRIBUNAL DE COMMERCE

PAR

J. MIRÈS

PARIS
IMPRIMERIE VALLÉE, 15, RUE BREDA

1864

LETTRE

A

MONSIEUR DENIÈRE

PRÉSIDENT DU TRIBUNAL DE COMMERCE

PAR

J. MIRÈS

Monsieur,

Vous le savez mieux que personne, depuis plus de trois ans, je me débats contre les termes d'une expertise secrète, faite par M. Monginot, assisté de mon ancien employé le sieur Barbet-Devaux, l'instigateur de la dénonciation de M. de Pontalba.

Puisque le travail souterrain de M. Monginot me menace encore, puisque MM. Bordeaux et Richardière, liquidateurs nommés par le Tribunal de commerce, me traitant en ennemis, en invoquent constamment les conclusions, vous m'excuserez, Monsieur, de rappeler sommairement les efforts que j'ai vainement tentés jusqu'à ce jour, pour obtenir l'examen contradictoire de cette expertise.

§ I

Vous ne pouvez avoir oublié qu'en 1861, devant la Cour de Paris, condamné déjà à cinq ans de prison, je ne demandais pas mon acquittement ; je ne sollicitais qu'une expertise contradictoire, afin de réduire à néant cette trame d'erreurs, dans laquelle mon honneur et la justice sont garottés.

Les juges n'ont pas admis mes déclarations, quand j'attestais que tout, dans cette expertise, est le contraire du vrai ; leur incrédulité persiste, et les malheurs immenses qui en résultent ne suffisent pas pour les décider à ordonner un examen contradictoire que j'acheterais au prix de ma liberté.

Un moment j'ai cru atteindre le but que je poursuis avec une résolution invincible. Dans ma lettre à M. le procureur général Dupin, j'arguais de faux tous les faits allégués par l'expert; je l'accusais d'avoir supposé une comptabilité et d'avoir substitué cette comptabilité imaginaire à celle qu'il avait mission de vérifier. L'accusation de ma part était si grave, que M. Monginot se crut obligé de déposer une plainte. Une instruction fut même commencée ; je fus interrogé et, dans cet interrogatoire, j'ai dit toute ma pensée.

Devant le Juge d'instruction, n'ayant pas à ménager la légitime susceptibilité d'un imprimeur, je pouvais nettement qualifier cette pièce qui me tue. Je n'y ai pas manqué ; de sorte que si la plainte de M. Monginot avait été fondée, ma déposition aggravait singulièrement mes torts à son égard. Ce n'était pas seulement une expertise contradictoire que cette plainte allait provoquer, c'était une expertise *publique* qui allait avoir lieu ! Je remerciais intérieurement M. Monginot, de m'avoir procuré cet avantage inespéré ; je me félicitais d'une circonstance qui allait me permettre de faire la lumière, de prouver la sincérité de mon langage et la loyauté de ma gestion.

Mon espérance s'est évanouie. Depuis deux ans bientôt que cette instruction est commencée, je n'ai pu, malgré mes instances auprès du Garde des sceaux, obtenir qu'on y donnât suite.

Trompé de ce côté, j'ai saisi une autre occasion :

Des clients de la Caisse des chemins de fer, prenant pour base de leurs prétentions l'expertise Monginot, ont fait des réclamations aux Liquidateurs. — Ces derniers, au lieu de repousser ces réclamations en leur opposant *la vérité des faits* et l'arrêt de la Cour de Douai, — ce qui était de droit et de devoir, — ont cru utile de m'appeler en cause comme responsable.

Quelque fâcheuses que pussent être pour moi les conséquences de cette instance, je m'en suis néanmoins réjoui. Je supposais que les juges, avant de prononcer, entendraient mes protestations contre l'exactitude des faits signalés par M. Monginot, et qu'ils consentiraient à ordonner une nouvelle expertise. J'ai encore échoué. Les juges ont refusé l'examen contradictoire qui me paraissait le plus sûr moyen d'éclairer leur conscience ; ils ont condamné les actionnaires dans la personne des Liquidateurs à payer des sommes énormes, dont j'ai été déclaré responsable.

Des décisions semblables n'ont pu être rendues que parce que les Liquidateurs ont surpris la religion des juges. Il est bien évident que jamais les Tribunaux n'auraient repoussé une vérification, s'ils ne l'avaient jugée inutile en raison de la conduite, du langage tenus par les Liquidateurs. En effet, eux seuls, ont empêché les tribunaux d'ordonner l'expertise que je sollicitais dans l'intérêt des actionnaires comme dans le mien. Méconnaissant leur devoir, non-seulement ils ont déclaré avec l'expert Monginot, que les titres des clients avaient été vendus, mais ils ont eu l'audace d'affirmer que la Caisse des Chemins de fer et ses gérants avaient bénéficié de ces ventes. Or, les ventes *n'ont pas eu lieu* et la Société ni les gérants n'ont fait aucun bénéfice.

J'ai vu ainsi succomber ma demande d'expertise. Comment, les juges sur leur siége, pouvaient-ils deviner que MM. Monginot, Bordeaux et Richardière, délégués ou désignés par la Justice, les conduisaient en erreur, et *que moi, partie intéressée, proclamais seul la vérité?*

Les juges étaient excusables de ne pas admettre que je fusse seul dans le vrai, et mes espérances ont été anéanties par l'invraisemblance de la situation que me faisait le langage des Liquidateurs.

La juridiction commerciale semblait m'offrir encore une voie ; j'ai essayé d'en profiter.

MM. Bordeaux et Richardière avaient à rendre compte du capital de 52 millions mis à leur disposition depuis le 4 avril 1861, jour où vous les avez nommés Liquidateurs.

La vérification des comptes de liquidation était une occasion propice pour soumettre ma gestion à un examen approfondi, faire connaître la vérité, réduire à néant les accusations formulées par l'expert Monginot, ou me confondre enfin comme le plus audacieux des imposteurs.

J'ai encore échoué ! Par un jugement rendu sous votre présidence, le Tribunal de commerce admettant sans examen préalable la probité de la gestion de MM. Bordeaux et Richardière, les a, pour ainsi dire, dispensés de rendre leurs comptes. — De sorte qu'un actif de 52 millions aura disparu sans qu'on puisse savoir ce qu'il est devenu.

Mais ce qui pour moi était plus grave, c'est qu'en les dispensant de rendre compte du capital dont ils ont disposé, le Tribunal a fait obstacle à l'examen contradictoire de ma gestion, examen qui serait ressorti de la vérification des comptes des Liquidateurs.

§ II

Je suis bien forcé de voir que toutes ces décisions civiles et commerciales affermissent les Liquidateurs dans la voie où ils sont engagés. Voie singulièrement funeste aux intérêts qui leur sont confiés! Cette sorte de protection les rend très-forts, et cette force pèse terriblement sur moi. Jusqu'à présent j'avoue qu'elle m'écrase; mais toutefois elle ne me décourage pas. Je ne renonce point, je ne renonce à rien, je tends toujours au même résultat.

Ce résultat, que la mort seule pourrait m'empêcher de poursuivre, je ne le dissimule pas, je le proclame au contraire très-haut; c'est :

1° Une expertise loyale et indépendante qui anéantira l'œuvre de M. Monginot et de M. Riollet;

2° Une réparation pour mes actionnaires, dont le capital a été injustement perdu par des procès sans fondement et une liquidation plus qu'inintelligente.

Ah! je connais les obstacles dont je suis menacé; j'entends bruire à mes oreilles la sagesse qui conseille d'accepter le déshonneur pour garder un morceau de pain. On me parle de parti pris, de force majeure, de faits accomplis devant lesquels il faut courber le front, fut-ce dans la boue. On me dit que je deviendrai *malade*, si je ne le suis déjà. Et je le suis en effet; j'ai la maladie de l'honneur et je veux bien en mourir. Mais je crois que je n'en mourrai pas. On a trop peur de cette rare maladie.

Je nie donc le parti pris de m'anéantir, la force majeure, la fatalité des faits accomplis. Il n'y a pas de ces conjurations générales contre un seul individu; mais surtout le temps et la vérité n'y entrent point. Le temps triomphe de toute passion, la vérité est plus puissante que toute erreur. Et le dirai-je? Quoiqu'il arrive, je serais tenté de bénir cette catastrophe et d'aimer ces angoises, bien âpres pourtant! qui me font connaître ce noble sentiment: La confiance dans le triomphe définitif de la vérité.

Je continuerai donc à réclamer toujours et partout l'examen loyal et indépendant de ma gestion.

Cette résolution a pris un caractère encore plus ardent depuis que l'arbitre-rapporteur du Tribunal de commerce, M. Riollet, a fait son rapport qui, chose incroyable, ajoute à la gravité du rapport de l'expert Monginot.

Peut-être vous paraîtra-t-il étrange, Monsieur, que ma persistance à croire à la justice, s'accentue précisément au moment où M. Riollet vient de déposer un travail, dans lequel on lit à chaque ligne une accusation mensongère et outrageante contre moi.

Mais je ne crains que l'injustice qui peut s'envelopper du silence. Quand l'opinion est prévenue l'équité reprend son empire.

En définitive, que me faut-il pour vaincre et pour sauver les intérêts de mes actionnaires?

1° Un simple délai avant de prononcer contre moi et en faveur des Liquidateurs une seconde condamnation par défaut, délai qui me permettra de soumettre au Tribunal des éléments complets de conviction.

2° L'obligation imposée aux Liquidateurs de justifier l'emploi du capital de 52 millions qui leur a été remis.

Ce delai le tribunal l'accordera, cette obligation il l'imposera; je l'espère surtout des explications qui vont suivre:

Nul mieux que vous, Monsieur, ne sait la vérité sur mes affaires: non-seulement, depuis bientôt quatre ans qu'elles durent, vous avez connu tous mes procès et la conduite des Liquidateurs, mais encore vous êtes au courant des débats que j'ai subis à l'occasion des journaux le *Constitutionnel* et *le Pays*. Ces débats vous ont permis de déterminer exactement la nature des obstacles que je rencontre pour obtenir justice, et vous reconnaitrez combien je suis modéré, de circonscrire le débat actuel à mon procès avec les Liquidateurs.

§ III.

Vous vous souvenez parfaitement que depuis plusieurs années, j'ai fait à MM. Bordeaux et Richardière les propositions les plus avantageuses pour les actionnaires, en même temps les plus désintéressées de ma part et les plus honorables.

Vous savez aussi qu'elles leur ont été successivement présentées par M. de Germiny, ancien gouverneur de la Banque de France; par M. le comte de Poret et M. le comte de Chassepot, membres du conseil de surveillance, et par vous-même, qui avez consenti à les renouveler à vos agents, MM. Bordeaux et Richardière.

Ces propositions, je les ai reproduites à l'assemblée des actionnaires; elles ont été acclamées et adoptées à l'unanimité; elles ont été publiées, et pas une voix ne s'est élevée pour en contester le caractère; vous me permettrez donc de les rappeler ici, puisqu'elles sont la base de la prière que j'ai l'honneur de vous adresser.

J'ai offert à MM. Bordeaux et Richardière, en leur qualité de représentants *légaux* des actionnaires, de renoncer à ma créance si j'étais reconnu créancier, et de solder mon compte intégralement s'il était constaté que je fusse débiteur.

Et sachez-le, Monsieur, *je suis créancier de plus de six millions*, et cette somme représente toute ma fortune mobilière. Mais ce sacrifice je le fais en faveur de mes malheureux actionnaires et *sous la condition absolue* que l'examen des réclamations des Liquidateurs sera confié à des hommes de finance haut placés, ou à des jurisconsultes éminents, comme par exemple des bâtonniers de l'ordre des avocats.

Qu'est-ce que je veux par ces offres?

Qu'est-ce que je poursuis en voulant échapper à l'arbitrage d'un seul homme qui, par sa profession, peut être considéré comme un auxiliaire habituel de la justice?

Éviter une nouvelle erreur judiciaire, et obtenir en même temps l'examen équitable et indépendant de ma gestion, c'est-à-dire la contre-expertise que je sollicite depuis près de quatre ans.

La crainte d'un nouveau malheur judiciaire, que j'exprimais à mes actionnaires dans l'assemblée du 6 février dernier, est actuellement réalisée; le rapport de M. Riollet est à mon égard plus erroné plus injuste encore que le rapport de l'expert Monginot!

Il est aussi plus inexplicable. Lorsque l'expert Monginot a fait son travail, en 1861, il agissait sous l'empire de l'émotion si grande qu'avait amenée mon arrestation; il n'avait pour le guider que le sieur Barbet-Devaux, mon ancien employé, intéressé à prouver que la dénonciation Pontalba n'était pas calomnieuse.

Tous les honnêtes gens ont regretté que M. Monginot n'eût pas fait contrôler les dires de M. Barbet-Devaux, ne se fût pas renseigné près de moi. On ne sait pas généralement qu'en matière criminelle, les expertises sont secrètes.

En matière civile, une expertise pour une somme de 150 fr. est nulle de plein droit, si elle est faite en l'absence de l'une des parties; au criminel, on peut être déshonoré, ruiné en vertu d'une expertise secrète... Il en est ainsi, et cet usage mystérieux et invraisemblable peut, jusqu'à un certain point, expliquer les erreurs commises par M. Monginot.

Mais actuellement, lorsque tous les faits sont éclaircis, lorsque l'émotion publique s'est énergiquement retournée, est-il naturel qu'un nouvel organe de la justice, M. Riollet, reprenne tous les faits signalés par l'expert Monginot, qu'il en invoque de plus graves, rédige un rapport qui devienne pour mon honneur une œuvre plus douloureuse que le rapport de son collègue M. Monginot?

C'est que M. Riollet a tout rédigé sous l'inspiration des Liquidateurs, et je dis que les Liquidateurs ont d'excellentes raisons personnelles pour refuser tout examen ou tout arbitrage qui serait fait en dehors de M. Riollet.

Mais moi, qui attend d'une expertise indépendante des conclusions qui infirmeront totalement celles de l'expertise sur laquelle j'ai été jugé, je ne pouvais vouloir et je ne veux pas d'un seul expert, auquel je ne reconnais ni les lumières, ni l'indépendance nécessaires pour donner le démenti à la première expertise, et par suite aux décisions que cette première expertise a motivées.

Tout le monde conviendra que la vérité ne peut être connue que si l'arbitrage est confié à des hommes éminents par leurs lumières, et indépendants par leur position sociale.

§ IV

L'insuccès de mes efforts auprès des Liquidateurs paraissait déjà bien extraordinaire; depuis l'assemblée des actionnaires, les difficultés qu'opposent les liquidateurs ne se conçoivent plus.

En effet, avant le 6 février, jour où les actionnaires, représentant plus de 60,000 actions, ont nommé des Commissaires, les Liquidateurs, quoique nommés à la requête de trois actionnaires complaisants porteurs ensemble de *quarante actions*, pouvaient, en apparence, faire entendre qu'ils avaient derrière eux des adhérents ; ils pouvaient prétendre qu'en me poursuivant avec l'acharnement qu'ils y mettent, ils obéissaient à la nécessité de leur situation et défendaient l'intérêt des actionnaires, en un mot, qu'ils accomplissaient un devoir.

Mais maintenant, après l'assemblée, après cette unanimité en ma faveur, après la réprobation énergique dont ils ont été l'objet de la part des actionnaires, les Liquidateurs n'ont plus aucune excuse pour prolonger leur hostilité.

Désormais le véritable état de choses apparaît et chacun se demande d'où vient que les Liquidateurs puissent créer impunément une situation si étrange ?

Il y a là une offense à la raison ou à la morale. J'ai

donc tout sujet d'espérer que vous y mettrez un terme en adhérant à la demande que j'ai l'honneur de vous soumettre.

Cette demande si juste et si modérée, vous trouverez un puissant motif de l'accueillir dans le simple exposé des efforts qu'a fait la Commission nommée par les actionnaires, pour amener les liquidateurs à une plus équitable appréciation de leurs devoirs.

Dès leur entrée en fonctions, les représentants des actionnaires, se conformant au mandat qu'ils ont reçu, essayèrent les voies de la conciliation, et, dans ce but, ils sollicitèrent votre concours auprès des Liquidateurs.

Que voulaient-ils? La constitution d'un Tribunal arbitral indépendant et offrant à tous des garanties que tous doivent désirer.

Je n'ai pas à raconter l'accueil que vous avez fait aux Commissaires : dans peu de temps ils en rendront compte eux-mêmes.

Je ne parlerai pas non plus des résistances qu'ils ont rencontrées chez les Liquidateurs; je me bornerai à dire que ni vous, Monsieur, ni MM. Bordeaux et Richardière n'avez voulu consentir à la constitution d'un Tribunal arbitral qui nous fît échapper au danger d'une nouvelle erreur judiciaire.

M. Riollet est pour vous, comme pour les Liquidateurs, l'unique arbitre digne de confiance.

Cependant, comme cette persistance avait quelque chose d'inexplicable, MM. Bordeaux et Richardière, pour masquer leurs véritables sentiments, ont renouvelé à MM. les Commissaires les offres de transaction que vous avez déjà faites à MM. Granguillot et Limayrac; comme vous, les Liquidateurs ont assuré que cette transaction serait en ma faveur aussi large que possible; ils étaient disposés, disaient-ils, à se contenter de la moindre des choses.

MM. les Commissaires ne savaient pas ce que ces offres cachent sous une forme toute bienveillante; ils ne se doutaient pas que le but qu'on poursuit, en m'amenant à transiger, correspond au système que MM. Bordeaux et Richardière n'ont cessé de suivre.

Dans leur loyauté, MM. les Commissaires ne pouvaient comprendre que lorsque les Liquidateurs, avec une fausse bonhomie, disent : que si je consens à une transaction, ils réduiront à un chiffre très-minime les millions si nombreux qu'ils me réclament; leur but, en me constituant débiteur, est d'abord de rester en possession des livres et papiers de la Société qu'ils détiennent indûment; ensuite, de me placer, par une transaction, sur la même ligne que M. de Pontalba, leur protégé *étrange*, auquel ils ont fait abusivement remise de l'intégralité du capital de sa dette.

MM. les Commissaires ne pouvaient connaître comme moi la passion qui veut m'anéantir, en faisant croire que je suis débiteur de la Société et que sa ruine est mon ouvrage.

Quoiqu'il en soit et sans me préoccuper de ce plan, je circonscrirai mes explications aux reproches que j'ai le droit de faire aux Liquidateurs, puisqu'ils agissent en vertu d'un mandat judiciaire.

Au point de vue du Tribunal de commerce, vous me permettrez de vous faire observer que lorsqu'une Société a été mise en liquidation sans qu'il y ait eu *ni protêt, ni assignation, ni insuffisance de capital pour les tiers,* il est étrange que l'intervention de la presqu'unanimité des associés n'ait pas reçu un accueil favorable près de vous, Président du Tribunal de commerce, ni auprès des Liquidateurs, ses représentants.

Ce qui n'a pas paru moins équivoque, c'est la conduite des Liquidateurs qui depuis trois ans me poursuivent avec acharnement, au détriment des actionnaires et contre leur vœu si nettement exprimé.

Le public ne comprend rien à cette conduite, parce qu'il n'est pas initié à tous les faits qui se sont produits, et qu'on ne sait pas généralement l'incroyable dilapidation dont a été l'objet le capital des actionnaires.

On commence cependant à comprendre que le refus des Liquidateurs de rendre leurs comptes et de justifier leur gestion, est une grande présomption que cette gestion n'est pas exempte de reproches.

C'est qu'en réalité, elle a été et elle est déplorable, je suis en mesure de fournir la preuve.

Je citerai seulement trois faits qui, à eux seuls, occasionneraient une perte totale d'environ sept millions, si les Liquidateurs restaient les maîtres de la liquidation.

§ V

En premier lieu, je signalerai le concours qu'ils ont donné à des agents d'affaires, et notamment au sieur Castillon, pour faciliter des réclamations contre la Société. Ces réclamations ont amené des transactions ruineuses. Sur ce seul chef, les pertes se soldent par millions.

Le concours donné par les Liquidateurs dans cette circonstance, les facilités accordées à des agents d'affaires contre l'intérêt social, cachent évidemment un intérêt secret. Et, croyez-le bien, Monsieur, ce n'est pas pour le vain plaisir de critiquer les Liquidateurs que je m'appesantis sur ce point, c'est uniquement parce que les transactions qu'ils ont faites constituent, par leurs conséquences, un grand danger pour les actionnaires comme pour moi.

Ces transactions s'appliquent à une seule espèce de clients de la Société, à ceux qui prétendent, *l'expertise Monginot à la main*, que leurs titres ont été vendus et que *la Société comme les gérants en ont recueilli les bénéfices.*

Vous savez que le reproche fait à ma gestion à cette occasion, n'est pas précisément d'avoir ouvert des comptes-courants sur remise de titres, le reproche consiste simplement à avoir liquidé d'office les clients en avril et mai 1859, *sans mise en demeure préalable.*

Vous savez, Monsieur, que cette absence de mise en demeure est la preuve la plus évidente de la sincérité de ma conduite. Je croyais, par cette liquidation d'office, faire une chose utile pour les clients, dans la prévision de la guerre générale qui menaçait l'Europe. L'absence de mise en demeure préalable, est une incontestable preuve de bonne foi, puisque en négligeant cette formalité légale, la Société restait à la disposition des clients si la guerre générale n'éclatait pas, et si, par suite, la hausse se produisait.

Il est superflu d'ajouter que je n'avais aucun intérêt personnel à cette mesure, elle était purement administrative.

Tout cela est actuellement hors de contestation. Cependant je me débats encore contre les accusations odieuses formulées à ce sujet par l'expert Monginot. Vous savez quelle a été l'energie de mes protestations. Malheureusement pour mes actionnaires comme pour moi, MM. Bordeaux et Richardière, méconnaissant leurs devoirs, non-seulement ne se sont pas joints à mes efforts pour obtenir l'expertise indépendante qui eût anéanti toutes les réclamations contre la liquidation, mais ils ont fait plus, ils *ont adopté les allégations de l'expert Monginot;* et par suite ils ont cru pouvoir, *par anticipation,* donner raison aux réclamations des clients et faire des transactions qui ont coûté, je le répète, plusieurs millions.

Pour justifier les étranges facilités qu'ils font aux agents d'affaires, et les étranges transactions qui en résultent et qui nous ruinent, MM. les Liquidateurs prétendent qu'ils se conforment aux principes admis par les Tribunaux de Paris, si opposés, vous le savez, à ceux qu'a adoptés la Cour de Douai, lesquels protégeaient en même temps les actionnaires et mon honneur.

Mais ce qu'il faut qu'on sache bien, ce qui donne aux actes des Liquidateurs un caractère révoltant ; *c'est qu'ils ont provoqué eux-mêmes par les plus fausses, les plus mensongères déclarations, les décisions des tribunaux qu'ils invoquent maintenant pour justifier ces transactions ruineuses.*

Oui, Monsieur, pendant que devant les Tribunaux, je protestais contre les allégations des clients, contre l'expertise Monginot qu'ils invoquaient, les Liquidateurs me combattaient et donnaient raison aux réclamations qui mettaient en péril l'actif social ; ils affirmaient avec M. Monginot, et contrairement à la vérité, que les titres des clients avaient été vendus ; ils ont même osé dire qu'ils avaient produit telle ou telle somme ; ils ont poussé l'audace plus loin : ils ont soutenu que les dividendes distribués en 1856 et 1857 provenaient de ces ventes et des prétendus bénéfices qui en seraient résultés !....

Or, tout cela est faux, absolument faux. J'attestais comme je l'atteste, que tout est faux. Mais j'étais seul à le dire, et j'avais contre moi trois organes de la justice, MM. Monginot, Bordeaux et Richardière, de sorte qu'en réalité la justice a été abusée par les Liquidateurs. Ils l'ont abnsée pour faire triompher ces réclamations injustes soulevées par les agents d'affaires qu'ils favorisaient; ces réclamations qu'ils avaient admises d'avance. *Il leur fallait ces décisions; il fallait que ces décisions vinssent couvrir et justifier les transactions qu'ils ont eu l'imprudence de faire!*

L'attitude des Liquidateurs devant la justice a été telle, qu'un avocat a pu leur jeter en face ces paroles :

« Jusqu'à présent, MM. Bordeaux et Richardière ont
» déserté la défense des actionnaires, actuellement ils les
» trahissent. »

Cette accusation a été formulée précisément à l'occasion des réclamations faites contre la Société, soutenues par les Liquidateurs à la barre du Tribunal. Mais il y a d'autres occasions où les Liquidateurs désertent, trahisseent; vous allez tout à l'heure les voir faire cause commune, contre la Société, avec M. de Pontalba!

Voilà, Monsieur, dans quelles mains se trouvent les intérêts des actionnaires; et mon honneur est à leur merci.

Ah! je sais, vous savez et chacun saura pourquoi les Liquidateurs font obstacle à tout examen, à toute vérification de leur gestion!...

§ VI

Deuxième fait.

Ils ont transigé avec M. de Pontalba, et c'est là surtout qu'ils ont bien montré comment ils transigent. A la hâte, le 5 février, la veille de l'assemblée des actionnaires, ils ont fait remise à M. de Pontalba de l'intégralité de sa dette, environ 1,700,000 francs, ne l'obligeant à payer que l'intérêt de cette somme jusqu'à ce jour.

Est-ce que si les Liquidateurs avaient représenté les actionnaires, ils auraient fait un semblable sacrifice en faveur de ce personnage, la cause coupable et intéressée de leur ruine ?

Est-ce que s'ils étaient les véritables représentants de la justice, ils auraient ainsi récompensé cette double indignité de la délation et de la calomnie?

La transaction Pontalba n'emprunte-t-elle pas aux circonstances dans lesquelles elle s'est produite, un caractère plus indécent encore, puisque c'est au moment même, quelques heures avant l'assemblée des actionnaires, que les Liquidateurs abusant de leurs pouvoirs ont conclu l'acte, je devrais dire ont fait le coup ; sachant bien que l'assemblée n'en voudrait pas, et que, s'ils tardaient, elle allait le rendre impossible.

Quels que soient les efforts des liquidateurs pour faire remonter à d'autres et au-dessus d'eux, la responsabilité de cette transaction, ils n'empêcheront pas les honnêtes gens de réunir ce sacrifice bénévole fait en faveur de M. de Pontalba, aux millions qu'ils ont bénévolement payés à des clients sans droits; et les réflexions que ces actes feront naître, ne ratifieront pas le témoignage d'estime que le Tribunal de commerce leur a décerné.

Dans l'acte même ils ont bien osé insérer que le Tribunal, qui a condamné M. de Pontalba à rembourser sa dette en capital et intérêts, a reconnu que M. de Pontalba avait des droits. Veuillez relire le jugement, Monsieur, il n'y a rien de semblable; et jugez dès lors quelle confiance leurs allégations méritent.

Pourquoi les Liquidateurs qui m'avaient appelé en cause pour me rendre responsable de la somme due par M. de Pontalba, ne m'ont-ils pas appelé quand ils ont transigé?

Puisque le jugement contre M. de Pontalba avait été obtenu en commun, pourquoi transiger sur ce jugement sans m'avoir consulté? Parce qu'on savait que je m'y opposerais... Mais il fallait à tout prix accorder une gratification à M. de Pontalba qui a ruiné les actionnaires : les actionnaires payeront.

Combien il est fâcheux pour moi, Monsieur, que vous n'ayez pas assisté aux débats qui ont eu lieu récemment à la cour Impériale! Vous auriez vu M. de Pontalba défendu par MM. Bordeaux et Richardière, et vous auriez été de mon côté.

§ VII

Le troisième fait que je crois devoir mettre sous vos yeux, n'est pas moins grave que ceux qui précédent, seulement il a quelque chose encore de plus net, de plus défini, s'il est possible, parce qu'il est sans aucun prétexte. En effet, on ne peut, en sa faveur, alléguer ni les décisions judiciaires qu'on a provoquées, ni la prétendue insolvabilité de M. de Pontalba. Ici l'abus de pouvoir qui a occasionné aux actionnaires une perte de 2,545,000 fr. se présente avec une évidence qui défie toute excuse : il s'agit de l'Emprunt ottoman.

Le traité relatif à cet Emprunt, était fait en mon nom personnel ainsi qu'en ma qualité de gérant.

Le prix net des obligations qui m'étaient vendues, s'élevait à environ 236 fr. l'une.

L'acte de résiliation passé entre M. de Germiny et les représentants de la Porte a été fait également tant en ma qualité de gérant, qu'en *mon nom personnel, en vertu des pouvoirs spéciaux que j'avais donnés à M. de Germiny.*

Par cet acte de résiliation, tous les avantages contenus

dans le contrat primitif furent conservés ; par suite le prix des obligations ne devait pas s'élever au-delà d'un chiffre d'environ 236 fr. l'une.

Enfin M. de Germiny, par une sage mesure de précaution, avait réservé l'examen complet des comptes, pour l'*époque ultérieure où le réglement définitif de l'Emprunt aurait lieu, entre les représentants de la Porte et ceux de la Caisse générale des Chemins de fer.*

Est-ce que si les Liquidateurs avaient été les défenseurs des actionnaires, ils auraient foulé aux pieds les sages prescriptions contenues dans ce traité de résiliation? Est-ce que s'ils avaient été de sincères et loyaux représentants de la Société, ils auraient repoussé le concours que je leur ai offert, lorsqu'en novembre 1861, ils ont réglé définitivement avec le représentant de la Porte?

Est-ce que s'ils avaient été des Liquidateurs consciencieux, ils auraient réglé sans moi, alors que j'étais intéressé en mon propre et privé nom, soit dans le contrat primitif, soit dans l'acte de résiliation ?

Est-ce qu'à l'époque la plus sinistre de notre histoire, on a vu des agents de la justice, usurper des pouvoirs, méconnaître et violer ainsi tous les droits? Et dans quel but, je vous le demande, les Liquidateurs se sont-ils affranchis de toute règle, de toute reserve, de tout contrôle?

Serait-ce pour obtenir de meilleures conditions en faveur des actionnaires?

Nullement, puisqu'ils ont fait une perte de 2,546,000 fr. en payant à raison de 261 fr. l'une, les 101,800 obligations que le public avait souscrites, au lieu du prix d'environ 236 fr. qui ressortait des termes mêmes du contrat, termes expressément réservés par M. de Germiny dans le traité de résiliation.

Vainement ai-je protesté contre tout réglement qui serait fait par les Liquidateurs sans mon concours ; ils ont passé outre. Il est vrai qu'à cette époque, j'étais en prison, ils ne prévoyaient pas qu'un jour je pourrais leur demander compte de leurs actes. Cet abus de pouvoir, cet oubli de toute régle, a couté, je ne saurais trop le répéter, une perte d'environ 2,545,000 fr. Mais cet acte a rapporté à MM. Bordeaux et Richardière une décoration que le représentant de la Porte leur a fait obtenir!

§ VIII

Ainsi, sans avoir porté la lumière dans la gestion de MM. Bordeaux et Richardière, sans aucune vérification, sur le simple examen de quelques actes, je trouve une perte d'environ sept millions pour seulement ces trois faits.

Les transactions avec des clients qui étaient sans droit,

La transaction Pontalba,

Le réglement de l'Emprunt ottoman.

Convenez, Monsieur, qu'à leur point de vue, ils ont

bien raison d'empêcher toutes vérifications de leur gestion! Cependant il faudra bien finir par vérifier.

Et vous conviendrez encore, Monsieur, que si MM. Bordeaux et Richardière ont un intérêt à dissimuler leurs actes, cette dissimulation compromet la dignité du Tribunal de commerce, puisque les Liquidateurs sont ses représentants.

Cet exposé que j'ai réduit, autant que possible, vous fera comprendre le refus qu'ils ont opposé aux Commissaires de l'assemblée, lorsque ces derniers les ont invités à se faire représenter à l'arbitrage constitué en vertu des décisions de l'assemblée du 6 février.

Or, je le demande, pourquoi, si les prétentions des Liquidateurs sont fondées, si le rapport de M. Riollet, qui sert de base à leurs réclamations contre moi, est un acte sincère, digne de la justice, pourquoi ne pas venir le défendre devant un Tribunal arbitral qui réunit à un si haut degré, indépendance, lumière et intégrité; devant un Tribunal composé de :

Messieurs,

CARRÉ, conseiller honoraire à la Cour Impériale de Paris.

BERRYER et MARIE, anciens bâtonniers de l'ordre des avocats.

Est-ce que, devant de tels hommes, toutes les garanties

d'équité, de justice et d'indépendance ne sont pas complètes ?

Cependant MM. Bordeaux et Richardière ont refusé toute participation à l'œuvre confiée à ce Tribunal arbitral, et malgré les actes judiciaires qui leur ont été signifiés pour chaque audience, ils se sont abstenus d'y assister; ils n'ont même pas voulu, à titre officieux, fournir les explications ou les renseignements que les arbitres auraient pu leur demander.

Heureusement, la loi à la main, MM. les Commissaires, représentants *effectifs* des actionnaires et le gérant, ont pu prendre connaissance de toutes les pièces jugées nécessaires ou qui étaient demandées par le Tribunal arbitral; aussi espère-t-on qu'une sentence arbitrale sera bientôt rendue.

Comme sur plusieurs faits des vérifications de comptabilité peuvent paraître utiles, le Tribunal arbitral ordonnera peut-être une expertise pour l'examen spécial de ces points.

Dans tous les cas, il résultera de cet arbitrage des éléments complets de conviction pour le Tribunal de commerce, qui n'a actuellement pour le guider, que les déclarations intéressées des Liquidateurs et le rapport par défaut de M. Riollet.

§ IX

Et voyez, Monsieur, combien il est essentiel que le Tribunal puisse juger avec d'autres éléments que ceux qui sont mis à sa disposition par MM. Bordeaux et Richardière, puisque M. Riollet lui-même, malgré l'examen des livres qu'il a dû faire, a été tellement égaré par les Liquidateurs, qu'il a commis l'erreur singulière, l'erreur capitale que voici :

Vous vous souvenez peut-être que le reproche qui dominait dans la dénonciation de M. de Pontalba contre les gérants, était d'avoir vendu, en 1857 et 1858, 21,247 actions de la Caisse. « Ventes, disait M. de Pontalba, » qui ont eu lieu parce que la Société avait besoin de » fonds à ce moment. » Ce sont les termes de la dénonciation. Mais, ajoutait M. de Pontalba, les gérants ont profité de ces ventes, pour réaliser un bénéfice considérable en faisant la baisse sur ces actions et en les rachetant à vil prix. C'était l'accusation.

Par une contradiction inconcevable, M. de Pontalba et M. Monginot reprochaient en même temps aux gérants, d'avoir distribué des dividendes non acquis, dividendes qui avaient évidemment pour but de faire la hausse des actions qu'ils étaient censés vouloir acheter à vil prix !...

Quoiqu'il en soit, cette vente de 21,247 actions était

l'accusation la plus grave ; parce que *c'était la seule dans laquelle on ait prétendu que j'aie eu un intérêt personnel.*

Or, il a été démontré avec les livres, que les opérations sur les actions de la Caisse, ont porté non pas sur 21,247 actions, mais sur 29,005 actions.

Il a été également prouvé, que les ventes, comme le disait M. de Pontalba, ont eu lieu pour satisfaire à des besoins sociaux, que les achats ont été faits, en 1859 et 1860, dans l'intérêt de la Société, pour élever, consolider son crédit, et faciliter l'émission des titres du chemin de Pampelune et de l'Emprunt ottoman ; il a été enfin établi que les achats ont eu lieu aux prix les plus élevés.

MM. Bordeaux et Richardière savent parfaitement tout cela, non-seulement par les livres qui sont à leur disposition, mais par tous les débats, par toutes les pièces qui ont été produites.

Quand à M. Riollet, il ignorait tout, aussi a-t-il été facile de le tromper sur la pensée qui a dirigé les ventes et les achats. Mais ce qui est inimaginable, c'est qu'on ait entraîné M. Riollet à commettre sur ce point l'erreur énorme qui s'étale majestueusement dans son travail. C'est la seule erreur que je vous signalerai, parce qu'elle suffit pour donner une idée de ce rapport, dont je crois que MM. Bordeaux et Richardière peuvent à bon droit revendiquer la paternité.

MM. Monginot, Bordeaux, Richardière et Riollet, prétendent successivement et à l'unanimité, que l'opération sur les actions de la Caisse porte sur 21,247 actions.

Les livres prouvent que les opérations portent sur 29,005 actions ; mais je néglige ce dernier chiffre pour m'en tenir aux affirmations des délégués de la justice et prouver, plus péremptoirement encore, l'erreur dans laquelle les Liquidateurs ont entraîné M. Riollet.

Ainsi les gérants auraient vendu 21,247 actions en 1857 et 1858, et ils les auraient rachetées en 1859 et 1860. Il est donc curieux de mettre en regard des 21,247 actions vendues, les achats que MM. Bordeaux, Richardière et Riollet mettent par contre à la charge des gérants et principalement à la mienne !

14,390	1° Achats faits en 1859 actions qui ont coûté ensemble	4,089,875
7,000	2° L'inscription à mon débit personnel, le 15 avril 1859, de 2,100,000 fr. pour actions de la Caisse, débit dont mon compte est encore grevé en capital et intérêts, ci	2,100,000
14,533	3° Achats de actions faits en décembre 1860, pendant la souscription de l'Emprunt ottoman, pour défendre le crédit de la Société si violemment attaqué par la dénonciation de M. Pontalba et les notes du *Moniteur ;* ci,	5,470,583
	A reporter	11,660,458

	Report	11,660,458
5,852	4° Les liquidateurs et M. Riollet sont d'accord, pour mettre à ma charge *au pair* actions qui n'avaient pas été placées, et qui étaient comprises dans les ventes faites en 1857 et 1858, ci	2,926,000
	5° Pour un compte-coupons n° 2; les liquidateurs et M. Riollet me débitent de	760,175
	6° Pour dommages et intérêts relatifs aux transactions que les Liquidateurs ont si complaisamment faites avec des clients qui étaient sans droits, clients représentés par des agents d'affaires en relations intimes avec les liquidateurs, ci	500,000
	7° Enfin, pour compléter l'œuvre de MM. Bordeaux, Richardière et Riollet, il convient d'ajouter *comme ils le font*, l'intérêt des susdites sommes jusqu'à ce jour, soit	1,520,000
41,375	actions. Ensemble fr.	17,366,633

De sorte que, MM. Bordeaux, Richardière et Riollet mettent à ma charge des achats qui s'élèvent en nombre à 41,375 actions, et en espèces à 17,366,633 fr., comme contre-partie des 21,247 actions vendues en 1857 et 1858, qui ont produit environ sept millions!

Je n'ai pas besoin d'ajouter que les résultats que je signale ne supportent aucune discussion et sont d'une exactitude incontestable. Vous comprenez, du reste, que dans ma position, je ne puis m'exposer à livrer à la publicité des chiffres qu'il serait possible de réfuter.

Ces comptes fantastiques, que MM. Bordeaux et Richardière ont imposés à M. Riollet, expliquent pourquoi ils font bon marché de leurs réclamations, et donnent en même temps la raison de la résistance qu'ils opposent à un examen éclairé, indépendant du rapport de M. Riollet.

Que penserez-vous, Monsieur, des documents que vos mandataires mettent sous les yeux du Tribunal? Hélas ! ils sont dignes de ceux qu'à préparés M. Monginot ! Voilà, j'en ai fait la douloureuse expérience, avec quel soin les travaux de cette importance sont habituellement faits (1)!....

(1) Lisez *le Droit* du 5 mai 1864, vous y verrez que l'expert Monginot, il y a moins de huit jours, faisait comparaître sur les bancs de la police correctionnelle, après une longue captivité, de jeunes commerçants, intelligents, accusés injustement de détournements frauduleux.

Or, chaque accusation formulée par l'expert Monginot constituait une erreur si grossière, qu'il a suffi de la plus simple inspection des livres, pour tout anéantir, et prononcer, séance tenante, leur acquittement.

Cette expertise, comme la mienne, était faite sous la foi du serment !

Est-ce que ces *expertises secrètes* ne nous reportent pas aux époques les plus reculées de notre histoire? au temps où la justice secrète, pour justifier une condamnation, se bornait à dire : « En vertu des faits de la cause » ! Est-ce que je n'ai pas raison de répudier le concours des auxiliaires habituels de la

Vous voudrez bien remarquer, Monsieur, qu'en appelant votre attention sur ce point, je n'ai voulu, je le répète, que fournir UN exemple des imperfections dont le rapport de M. Riollet fourmille, et vous démontrer que, dans l'état actuel de la procédure, le Tribunal de commerce ne peut rendre une décision éclairée.

Cependant, et malgré mes instances, vous avez cru devoir faire droit aux réquisitions de MM. Bordeaux et Richardière et prononcer par défaut, il est vrai, et en vertu du rapport également par défaut de M. Riollet, une condamnation contre moi, qui s'élève à près de quatre millions. Cette condamnation a donné naissance à un droit d'enregistrement d'environ 50,000 fr.! dépense qui eût été si facilement évitée, siles représentants du Tribunal de commerce avaient eu quelques soucis des intérêts des actionnaires et avaient consenti à une simple remise.

Mais actuellement que vous êtes prévenu de la situation des choses, j'espère que vous ferez droit à la demande formelle que je vous fais d'attendre quelques jours avant de me condamner une seconde fois par défaut; car ce nouveau jugement serait alors définitif. Je ne sollicite, Monsieur, que le temps nécessaire pour réunir et présenter des éléments de défense qui aient des chances certaines de succès.

justice qui, sous le nom d'experts ou d'arbitres, constituent des corps placés sous la dépendance de la justice ?

J. M.

Il n'est pas possible que le Tribunal ne soit pas frappé de cette considération; que dans l'état où se trouve la procédure il serait impossible à l'avocat le plus éloquent de pouvoir, par une simple audition, combattre utilement un rapport et des conclusions qui s'appuyent sur des vérifications d'écritures, vérifications faites successivement, depuis plus de trois ans, par quatre agents de la justice: d'abord, par l'expert Monginot, ensuite par MM. Bordeaux et Richardière, et en dernier lieu par M. Riollet.

Il n'est pas nécessaire d'avoir une grande pénétration pour comprendre que jamais un Tribunal ne repoussera, sur une *simple plaidoirie et sans des preuves matérielles d'une très-grande puissance*, des réclamations qui se produisent avec une telle persistance, surtout si ces réclamations s'appuyent sur l'examen d'une comptabilité considérable; examen fait, je le répète, au nom de la justice par quatre natures d'agents, qui tous ont agi en vertu de mandats formels de la justice, et qui tous sont d'accord dans leurs conclusions.

Pour détruire un tel faisceau, il faut des faits et des preuves; ce sont ces faits et ces preuves que je prépare pour les produire devant le Tribunal.

§ X.

Vous prendrez, Monsieur, je l'espère, en sérieuse considération, que j'ai circonscrit les reproches que je fais aux

Liquidateurs à des actes parfaitement définis et qui intéressent directement les actionnaires. Je n'ai pas voulu mêler à cette discussion les reproches personnels et si graves que je suis en droit de leur adresser. Je me bornerai à vous faire connaître, parce que MM. Bordeaux et Richardière se disent les mandataires du Tribunal de commerce, que le langage qu'ils tiennent à mon égard est calomnieux et diffamatoire.

Ils me calomnient quand ils osent dire faussement, que je suis la cause du retard qu'ils mettent, soit à clore la liquidation, soit à distribuer aux actionnaires l'actif disponible.

Ils me diffament, quand ils m'accusent de m'être enrichi aux dépens des actionnaires, et de les avoir ruinés par une gestion coupable, *eux qui ont reçu ce capital intact de la main de **M.** de Germiny*, eux qui savent par conséquent, mieux que personne, à qui cette ruine doit être imputée; eux enfin, qui savent si bien que ma fortune a péri avec celle de mes actionnaires.

§ XI.

Je finis, Monsieur, avec la pensée que vous voudrez bien, en gardien vigilant de l'honneur du Tribunal consulaire, ne prononcer définitivement sur les réclamations formulées par les Liquidateurs contre moi, qu'après la sentence arbitrale que doivent rendre MM. Carré, Berryer et Marie, c'est-à-dire lorsque je posséderai des bases solides pour ma défense et les moyens de soumettre au Tribunal des éléments complets de conviction.

Si un intérêt privé se trouvait engagé dans la cause, peut-être n'auriez-vous pas la liberté de retarder le jugement à intervenir ; mais, ainsi que vous le remarquerez, il n'y a dans la circonstance actuelle aucun intérêt en souffrance, *la simple remise que je demande, aura pour effet, au contraire, de hâter la solution des procès que les Liquidateurs m'ont intentés, puisque les délais d'appel ou de pourvoi peuvent être ainsi supprimés.*

Vous voudrez bien considérer aussi que ce qu'il y a de plus important pour les actionnaires, c'est de connaître la vérité sur mes actes ; ils ont le plus grand intérêt à savoir si la gestion de leur capital a été loyale, si les pertes qu'ils ont éprouvées ont été occasionnées par une raison majeure ou si elles ont été causées par leur gérant, enfin si, comme je le dis, ma fortune a péri avec celle de mes associés.

Vous n'oublierez pas enfin que les actionnaires attendent avec impatience les comptes justificatifs des Liquidateurs et la distribution des sommes disponibles, distribution que les Liquidateurs n'ont aucun motif de retarder, puisqu'il n'y a plus que moi de créancier et que j'ai abandonné mes droits en faveur des actionnaires.

§ XII.

Dans quelques jours cesseront vos fonctions de Président du Tribunal de commerce, et, en même temps, vous entrez dans une grande société financière destinée à développer l'industrie; j'espère que vous ferez coïncider la fin de votre présidence et votre entrée dans la grande industrie par une décision équitable en faveur d'un homme qui a conservé l'estime des honnêtes gens, a été utile à l'industrie, a rendu des services à son pays, et qui veut et croit donner l'exemple du devoir, en sacrifiant son repos et les débris de sa fortune à la défense de ses actionnaires, que d'autres que lui ont ruinés.

C'est avec cette espérance que j'ai l'honneur d'être,

Monsieur le Président,

Votre très-humble et très-obéissant serviteur,

J. MIRÈS.

Paris, le 4 mai 1864.

Paris. — Imp. Vallée, 15, rue Breda.